Impressum
Verlag: BABADADA GmbH, Nedderfeld 112 , 22529 Hamburg
Geschäftsführer / Verlagsleitung: Harald Hof
Druck: Books on Demand GmbH, In de Tarpen 42, 22848 Norderstedt

Imprint
Publisher: BABADADA GmbH, Nedderfeld 112 , 22529 Hamburg, Germany
Managing Director / Publishing direction: Harald Hof
Print: Books on Demand GmbH, In de Tarpen 42, 22848 Norderstedt, Germany

Szkoła

школа

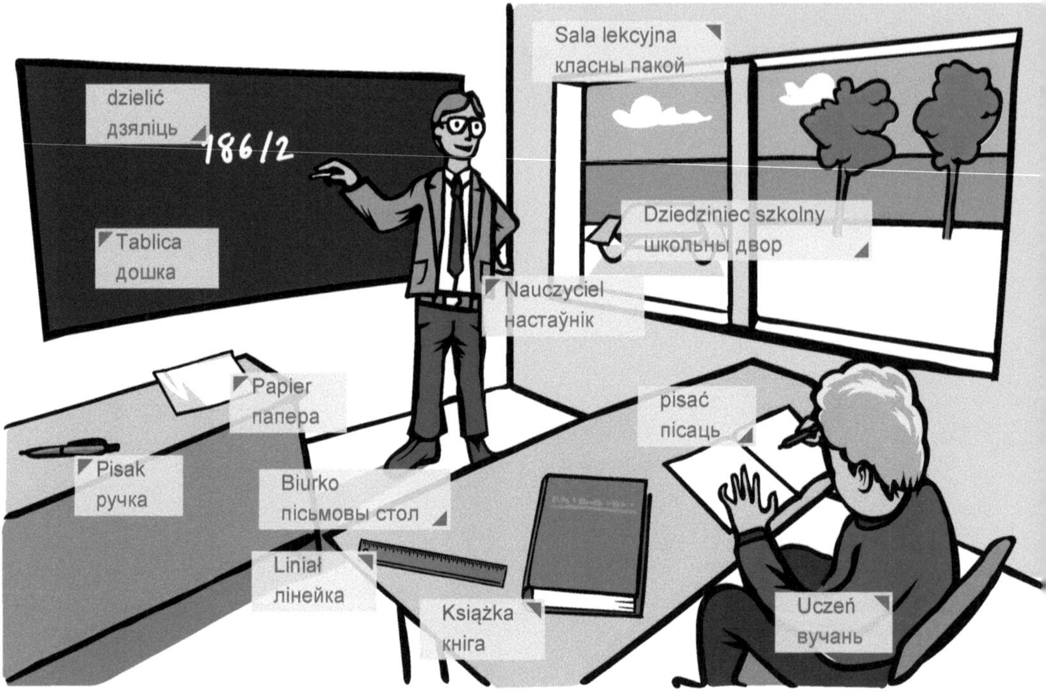

Sala lekcyjna
класны пакой
dzielić
дзяліць
186/2
Tablica
дошка
Dziedziniec szkolny
школьны двор
Nauczyciel
настаўнік
Papier
папера
pisać
пісаць
Pisak
ручка
Biurko
пісьмовы стол
Liniał
лінейка
Książka
кніга
Uczeń
вучань

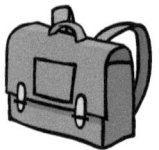

Plecak szkolny

ранец

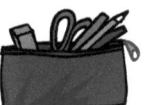

Piórnik

пенал

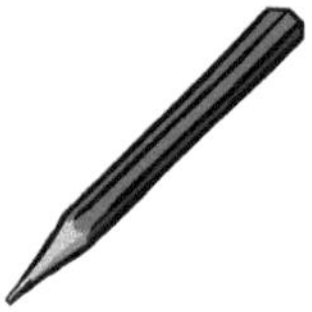

Ołówek

просты аловак

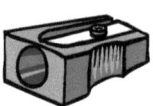

Temperówka

тачылка для алоўкаў

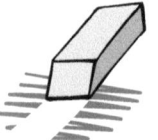

Gumka do mazania

гумка

Blok rysunkowy

альбом для малявання

Rysunek

малюнак

Pędzel

пэндзлік

Pudełko z akwarelami

фарбы

Nożyce

нажніцы

Klej

клей

Książka do ćwiczenia

сшытак

Zadanie domowe

хатняе заданне

Liczba

лік

dodawać

дадаваць

odejmować

адымаць

mnożyć

множыць

liczyć

лічыць

Litera

літара

Alfabet

алфавіт

hello

Słowo

слова

Tekst

тэкст

czytać

чытаць

Kreda

крэйда

Godzina

ўрок

Dziennik lekcyjny

класны журнал

Egzamin

экзамен

Świadectwo

атэстат

Mundurek szkolny

школьная форма

Wykształcenie

адукацыя

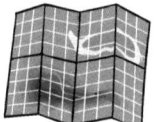

Leksykon

энцыклапедыя

Uniwersytet

універсітэт

Mikroskop

мікраскоп

Mapa

карта

Kosz na odpadki

смеццевы кошык

Podróż

падарожжа

Hotel
гатэль
Grand
Schronisko
хостэл
ROOMS
Kantor wymiany walut
абменны пункт
EXCHANGE
Walizka
чамадан
Auto
аўтамабіль

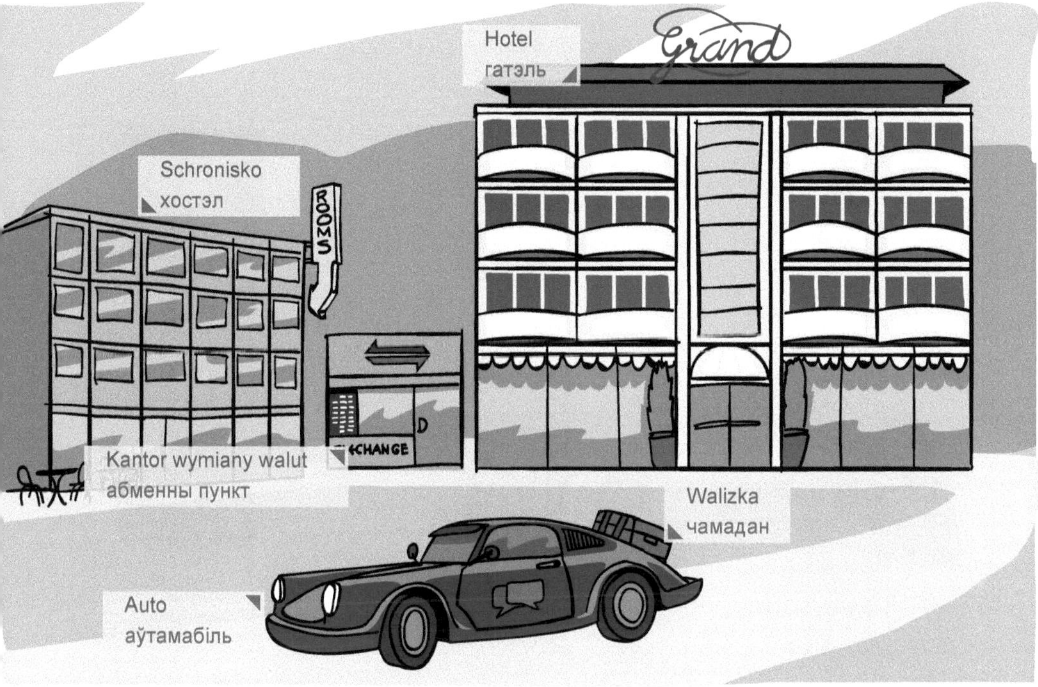

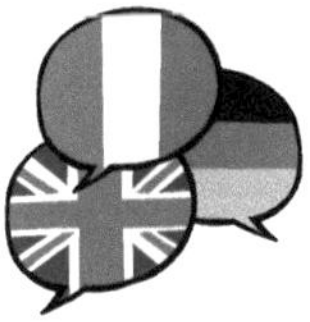

Język
мова

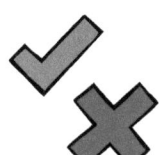

tak / nie
так / не

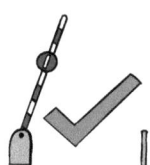

OK
добра

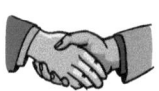

Halo
прывітанне!

Tłumacz
перакладчык

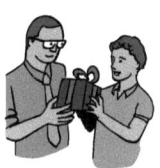

Dziękuję
дзякуй

Ile kosztuje ...?

Колькі каштуе....?

Nie rozumiem

я не разумею

Problem

праблема

Dobry wieczór!

Добры вечар!

Dzień dobry!

Добрай раніцы!

Dobranoc!

Дабранач!

Do widzenia

да пабачэння

Kierunek

кірунак

Bagaż

багаж

Torba

сумка

Plecak

заплечнік

Gość

госць

Pokój

пакой

Śpiwór

спальны мяшок

Namiot

палатка

Informacja turystyczna

інфармацыя для турыстаў

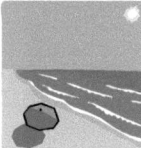

Plaża

пляж

Karta kredytowa

крэдытная картка

Śniadanie

снеданне

Obiad

абед

Kolacja

вячэра

Bilet

праязны білет

Winda

ліфт

Znaczek na list

паштовая марка

Granica

мяжа

Cło

мытня

Ambasada

пасольства

Wiza

віза

Paszport

пашпарт

Transport
транспарт

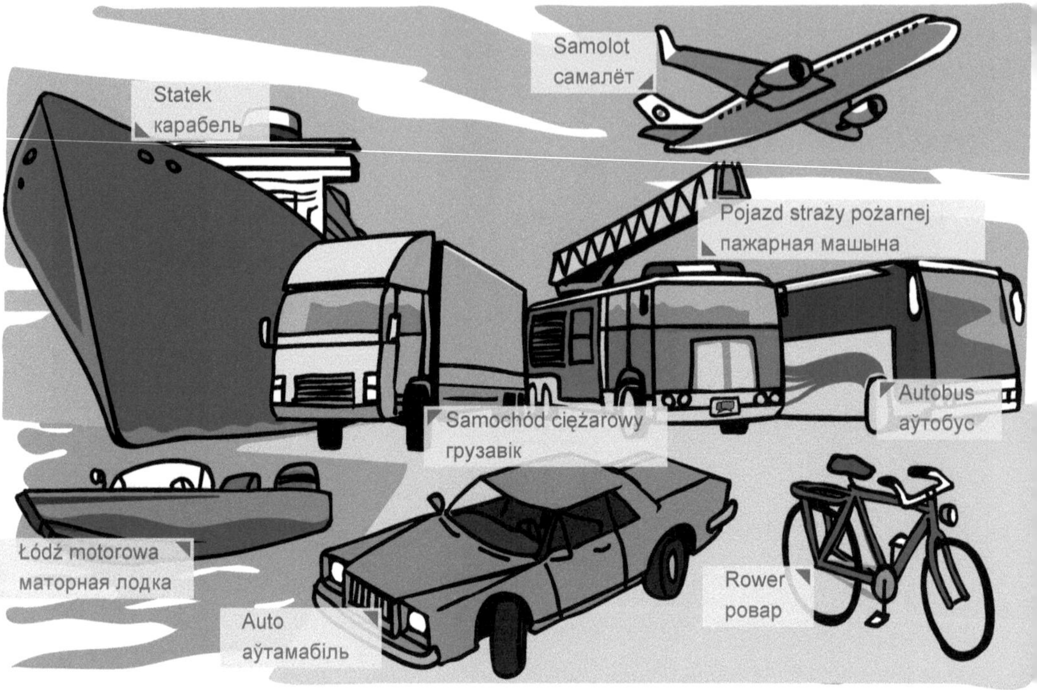

Samolot
самалёт

Statek
карабель

Pojazd straży pożarnej
пажарная машына

Autobus
аўтобус

Samochód ciężarowy
грузавік

Łódź motorowa
маторная лодка

Rower
ровар

Auto
аўтамабіль

Prom

паром

Łódź

лодка

Motocykl

матацыкл

Radiowóz policyjny

паліцэйская машына

Samochód wyścigowy

гоначны аўтамабіль

Samochód wypożyczony

арэндаваны аўтамабіль

Wspólne przejazdy
samochodem

сумеснае карыстанне
аўтамабілем

Samochód pomocy
drogowej

эвакуатар

Śmieciarka

смеццявоз

Silnik

матор

Benzyna

паліва

Stacja benzynowa

запраўка

Znak drogowy

дарожны знак

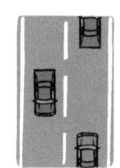

Ruch

дарожны рух

Korek

затор

Parking

паркоўка

Dworzec

чыгуначная станцыя

Szyny

рэйкі

Pociąg

цягнік

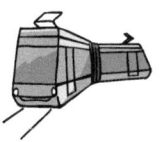

Tramwaj

трамвай

Wagon

вагон

Helikopter

вертапёт

Lotnisko

аэрапорт

Wieża

вежа

Pasażer

пасажыр

Kontener

кантэйнер

Karton

кардонная скрыня

Taczka

тачка

Kosz

карзіна

startować / lądować

ўзлятаць / прызямляцца

Miasto

горад

Wieś

вёска

Centrum miasta

цэнтр горада

Dom

дом

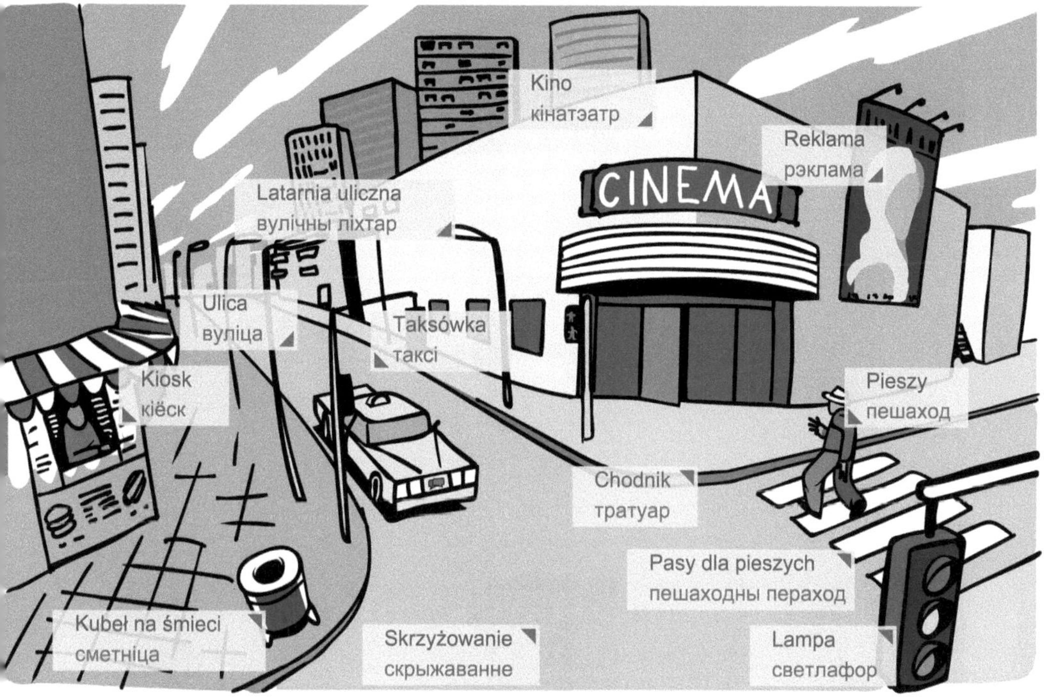

Kino
кінатэатр

Reklama
рэклама

Latarnia uliczna
вулічны ліхтар

CINEMA

Ulica
вуліца

Taksówka
таксі

Kiosk
кіёск

Pieszy
пешаход

Chodnik
тратуар

Pasy dla pieszych
пешаходны пераход

Kubeł na śmieci
сметніца

Skrzyżowanie
скрыжаванне

Lampa
светлафор

Chata

халупа

Mieszkanie

кватэра

Dworzec

чыгуначная станцыя

Ratusz

ратуша

Muzeum

музей

Szkoła

школа

Uniwersytet

універсітэт

Bank

банк

Szpital

шпіталь

Hotel

гатэль

Apteka

аптэка

Biuro

офіс

Księgarnia

кнігарня

Sklep

крама

Kwiaciarnia

кветкавая крама

Supermarket

супермаркет

Rynek

кірмаш

Dom towarowy

універмаг

Sklep z rybami

рыбная крама

Centrum handlowe

гандлевы цэнтр

Port

порт

Park

парк

Ławka

лава

Most

мост

Schody

лесвіца

Metro

метро

Tunel

тунэль

Przystanek autobusowy

прыпынак

Bar

бар

Restauracja

рэстаран

Skrzynka na listy

паштовая скрыня

Tabliczka z nazwą ulicy

вулічны паказальнік

Parkometr

паркамат

Zoo

заапарк

Łaźnia

басейн

Meczet

мячэць

Gospodarstwo chłopskie

сядзіба

Zanieczyszczenie środowiska

забруджванне навакольнага асяроддзя

Cmentarz

могілкі

Kościół

царква

Plac zabaw

пляцоўка для гульні

Świątynia

храм

Krajobraz

краявід

Liść
ліст

Drogowskaz
паказальнік

Droga
дарога

Łąka
луг

Kamień
камень

Drzewo
дрэва

Wędrowiec
падарожнік

Rzeka
рака

Trawa
трава

Kwiat
кветка

Dolina

даліна

Góra

гара

Jezioro

возера

Las

лес

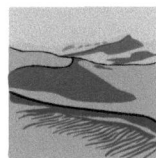

Pustynia

пустыня

Wulkan

вулкан

Zamek

замак

Tęcza

вясёлка

Grzyb

грыб

Palma

пальма

Komar

камар

Mucha

муха

Mrówka

мурашка

Pszczoła

пчала

Pająk

павук

Chrząszcz

жук

Żaba

жаба

Wiewiórka

вавёрка

Jeż

вожык

Zając

заяц

Sowa

сава

Ptak

птушка

Łabędź

лебедзь

Dzik

дзік

Jeleń

алень

Łoś

лось

Tama

плаціна

Wiatrak

вятрак

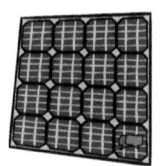

Moduł solarny

сонечная батарэя

Klimat

клімат

Restauracja
рэстаран

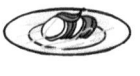

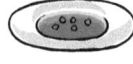

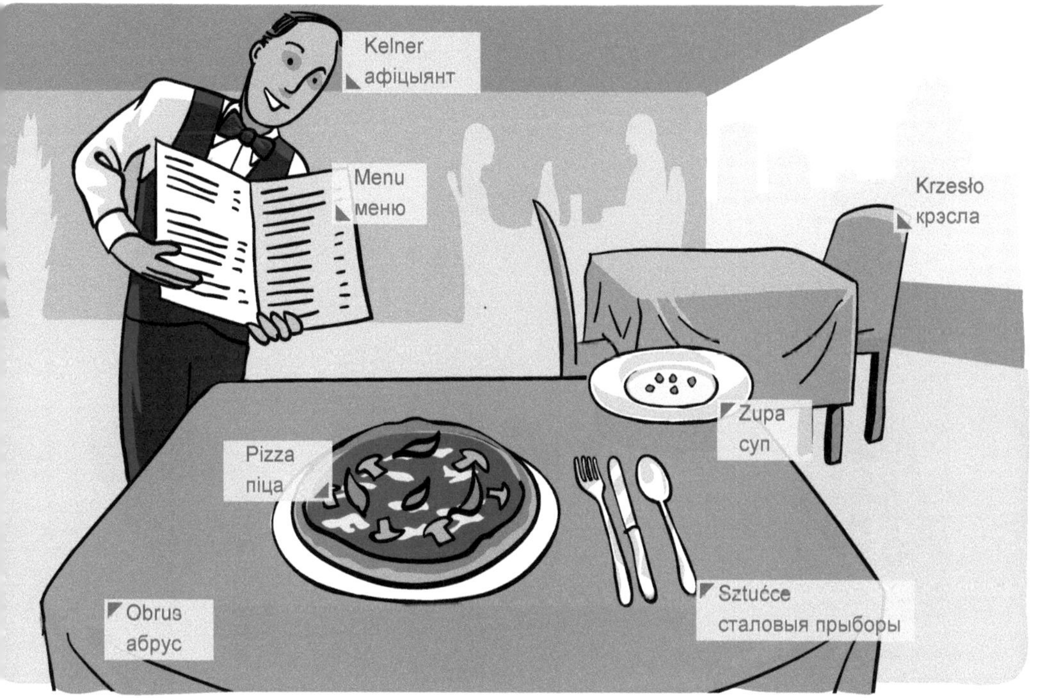
Kelner
афіцыянт
Menu
меню
Krzesło
крэсла
Zupa
суп
Pizza
піца
Sztućce
сталовыя прыборы
Obrus
абрус

Przystawka

закуска

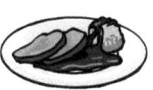

Danie główne

другая страва

Deser

дэсерт

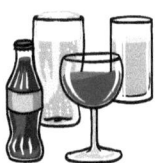

Napoje

напоі

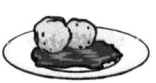

Jedzenie

ежа

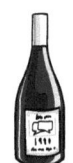

Butelka

бутэлька

Fastfood

хуткае харчаванне (фаст-фуд)

Streetfood

стрыт-фуд

Dzbanek na herbatę

імбрык (чайнік)

Cukierniczka

цукарніца

Porcja

порцыя

Zaparzarka do espresso

эспрэса-машына

Krzesło dla dziecka

дзіцячае крэселка

Rachunek

рахунак

Taca

паднос

Noż

нож

Widelec

відэлец

Łyżka

лыжка

Łyżeczka

чайная лыжка

Serwetka

сурвэтка

Szklanka

шклянка

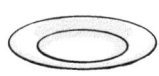

Talerz

талерка

Talerz do zupy

супавая талерка

Podstawek pod filiżankę

сподак

Sos

соус

Solniczka

сальніца

Młynek do pieprzu

млынок для перцу

Ocet

воцат

Olej

алей

Przyprawy

спецыі

Keczup

кетчуп

Musztarda

гарчыца

Majonez

маянэз

Supermarket

супермаркет

Oferta
акцыя
Klient
пакупнік
FOR
Produkty mleczne
малочныя прадукты
Owoce
садавіна
Wózek sklepowy
вазок

BUTCHERS

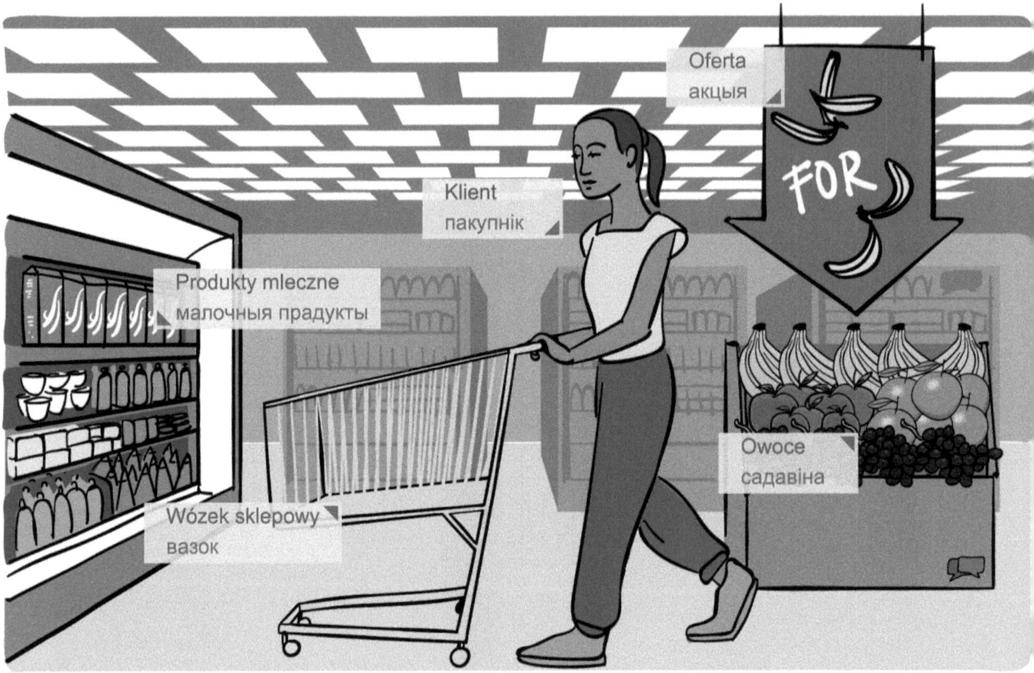

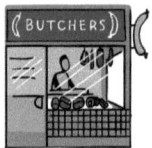

Rzeźnia

мясная крама

BAKERY

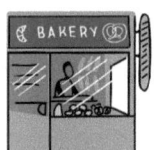

Piekarnia

хлебны магазін

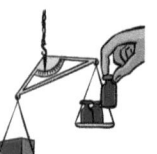

ważyć

важыць

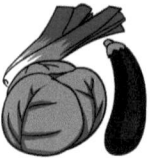

Warzywa

гароднiна

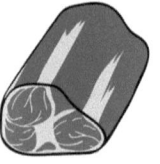

Mięso

мяса

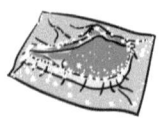

Mrożonki

свежазамарожаныя прадукты

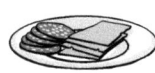

Wędliny

нарэзка

Konserwy

кансервы

Proszek m do prania

пральны парашок

Słodycze

прысмакі

Artykuły użytku domowego

хатнія прылады

Środek czyszczący

чысцячы сродак

Sprzedawczyni

прадавец

Kasa

каса

Kasjer

касір

Lista zakupów

спіс пакупак

Godziny otwarcia

гадзіны працы

Portfel

бумажнік

Karta kredytowa

крэдытная картка

Torba

сумка

Torebka plastikowa

пакет

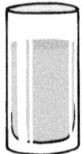

Woda

вада

Sok

сок

Mleko

малако

Cola

кола

Wino

віно

Piwo

піва

Alkohol

алкаголь

Kakao

какава

Herbata

гарбата (чай)

Kawa

кава

Espresso

эспрэса

Cappuccino

капучына

Banan

банан

Jabłko

яблык

Pomarańcza

апельсін

Arbuz

дыня

Cytryna

лімон

Marchew

морква

Czosnek

часнок

Bambus

бамбук

Cebula

цыбуля

Grzyb

грыб

Orzechy

арэхі

Makaron

локшына

Spaghetti

спагеці

Ryż

рыс

Sałatka

салата

Frytki

бульба фры

Ziemniaki pieczone

смажаная бульба

Pizza

піца

Hamburger

гамбургер

Kanapka

бутэрброд

Sznycel

шніцаль

Szynka

вяндліна

Salami

салямі

Kiełbasa

каўбаса

Kura

курыца

Pieczeń

смажаніна

Ryba

рыбак

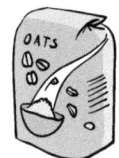

Płatki owsiane

аўсяныя камякі

Musli

мюслі

Płatki kukurydziane

кукурузныя шматкі

Mąka

мука

Croissant

круасан

Bułka

булачка

Chleb

хлеб

Toast

тост

Ciastka

пячэнне

Masło

масла

Twarożek

тварог

Ciasto

пірог

Jajko

яйка

Jajko sadzone

яечня

Ser

сыр

Lody

марожанае

Cukier

цукар

Miód

мёд

Marmolada

варэнне

Krem nugatowy

нуга

Curry

кары

Gospodarstwo chłopskie
сядзіба

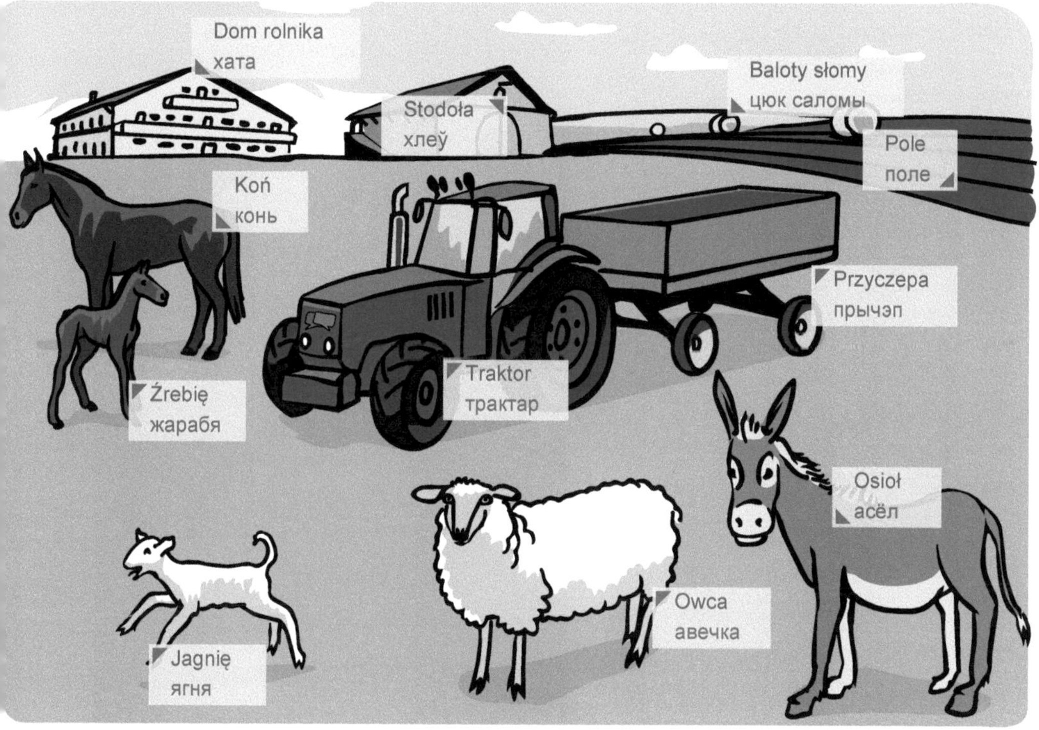
Dom rolnika
хата
Stodoła
хлеў
Baloty słomy
цюк саломы
Pole
поле
Koń
конь
Przyczepa
прычэп
Traktor
трактар
Źrebię
жарабя
Osioł
асёл
Owca
авечка
Jagnię
ягня

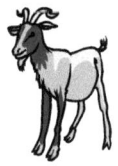

Koza
каза

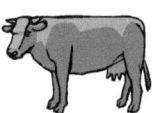

Krowa
карова

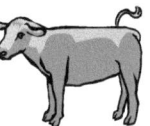

Cielę
цяля

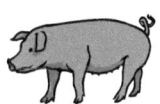

Świnia
свіння

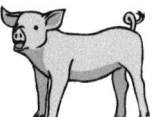

Prosię
парася

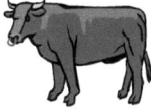

Byk
бык

Gęś

гусак

Kaczka

качка

Kurczątko

кураня

Kura

курыца

Kogut

певень

Szczur

пацук

Kot

кот

Mysz

мыш

Osioł

вол

Pies

сабака

Buda dla psa

сабачая будка

Wąż ogrodowy

садовы шланг

Konewka

палівачка

Kosa

каса

Pług

плуг

Sierp

серп

Graca

матыка

Widły

вілы для гною

Siekiera

сякера

Taczka

тачка

Koryto

карыта

Kanka na mleko

бітон для малака

Worek

мех

Płot

плот

Stajnia

хлеў

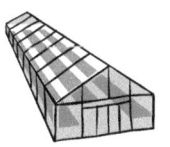

Szklarnia

цапліца

Ziemia

глеба

Nasiona

насенне

Nawóz

угнаенне

Kombajn zbożowy

камбайн

zbierać

zbірaць ураджай

Żniwa

ураджай

Podchrzyn

ямс

Pszenica

пшаніца

Soja

соя

Ziemniak

бульба

Kukurydza

кукуруза

Rzepak

рапс

Drzewo owocowe

садовае дрэва

Maniok

маніёк

Zboże

збожжа

Komin
комін

Dach
дах

Rynna deszczowa
вадасцёк

Okno
акно

Garaż
гараж

Dzwonek
званок

Drzwi
дзверы

Wiaderko na śmieci
вядро для смецця

Skrzynka na listy
паштовая скрыня

Ogród
сад

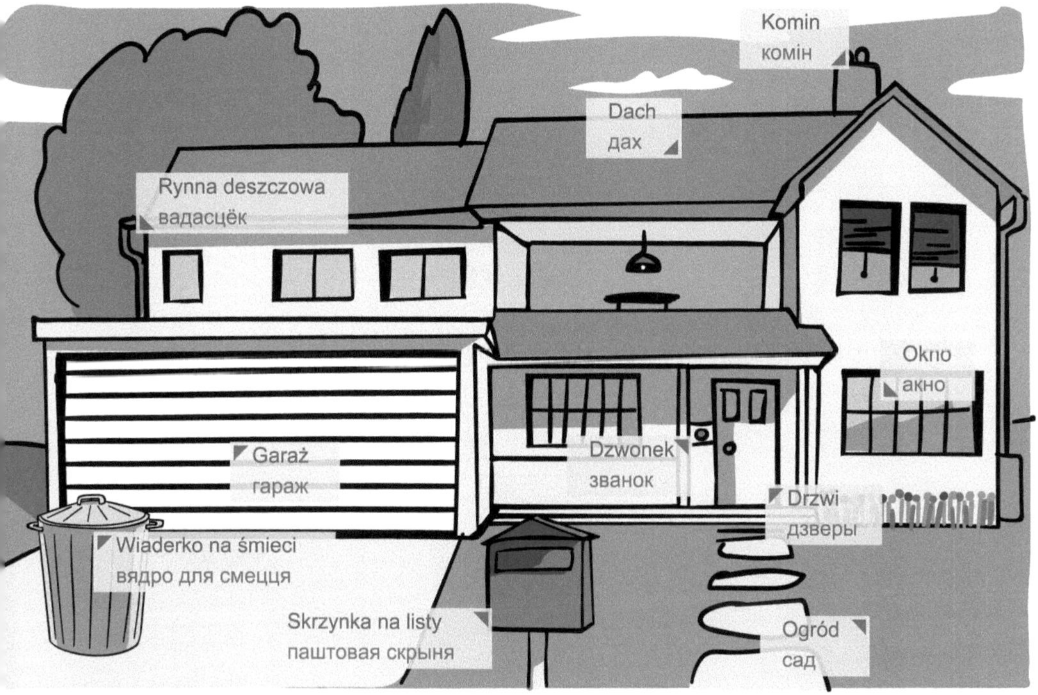

Pokój dzienny

жылы пакой

Łazienka

ванная

Kuchnia

кухня

Sypialnia

спальны пакой

Pokój dziecięcy

дзіцячы пакой

Jadalnia

сталоўка

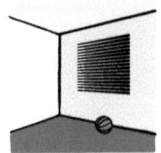

Ziemia

падлога

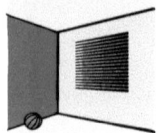

Ściana

сцяна

Koc

столь

Piwnica

падвал

Sauna

саўна

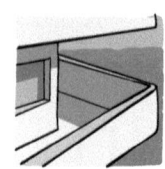

Balkon

балкон

Taras

тэраса

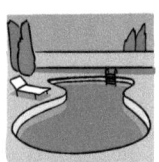

Basen

басейн

Kosiarka do trawy

касілка

Poszwa

падкоўдранік

Kołdra

коўдра

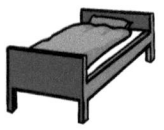

Łóżko

ложак

Miotła

венік

Wiadro

вядро

Włącznik

выключальнік

Pokój dzienny
жылы пакой

Tapeta
шпалеры
Obraz
малюнак
Lampa
лямпа
Regał
паліца
Szafa
шафа
Telewizor
тэлевізар
Komin
камін
Kwiat
кветка
Poduszka
падушка
Kanapa
канапа
Wazon
ваза
Pilot
пульт

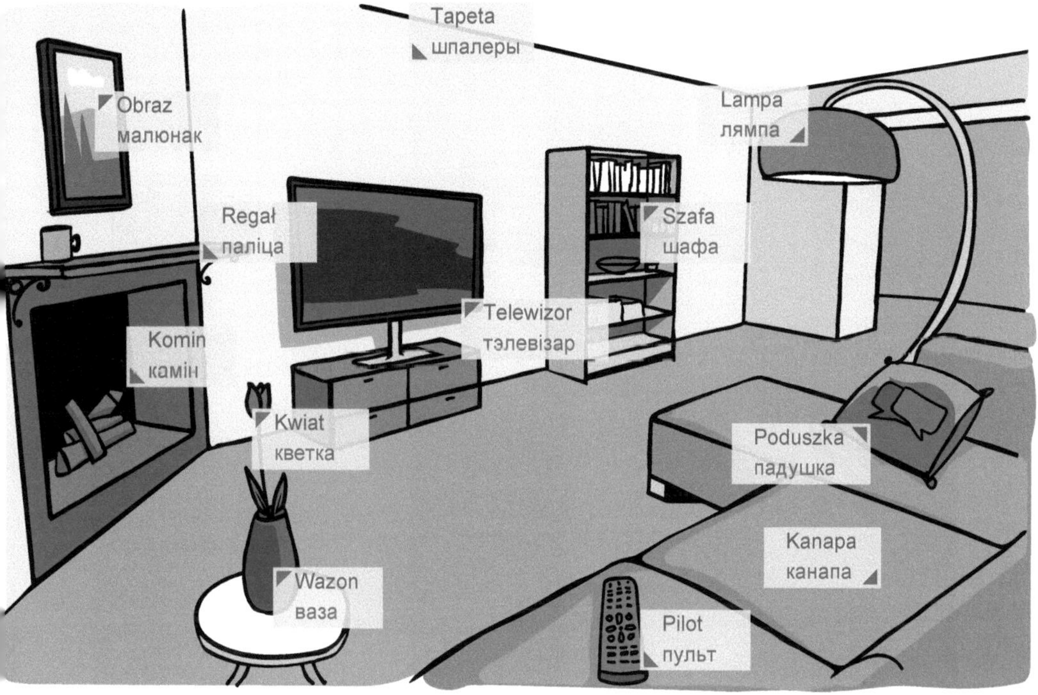

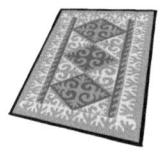

Dywan

дыван

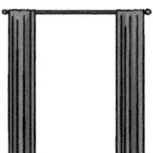

Zasłona

фіранка

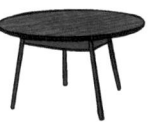

Stół

стол

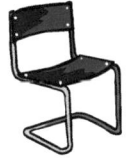

Krzesło

крэсла

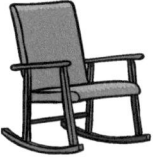

Bujak

крэсла-качалка

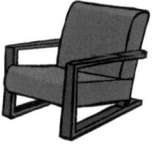

Fotel

крэсла

Książka

кніга

Sufit

коўдра

Dekoracja

дэкарацыя

Drewno kominkowe

дровы

Film

кіно

Instalacja stereo

стэрэасістэма

Klucz

ключ

Gazeta

газета

Malunek

карціна

Plakat

постар

Radio

радыё

Notatnik

нататнік

Odkurzacz

пыласос

Kaktus

кактус

Świeczka

свечка

Kuchnia
кухня

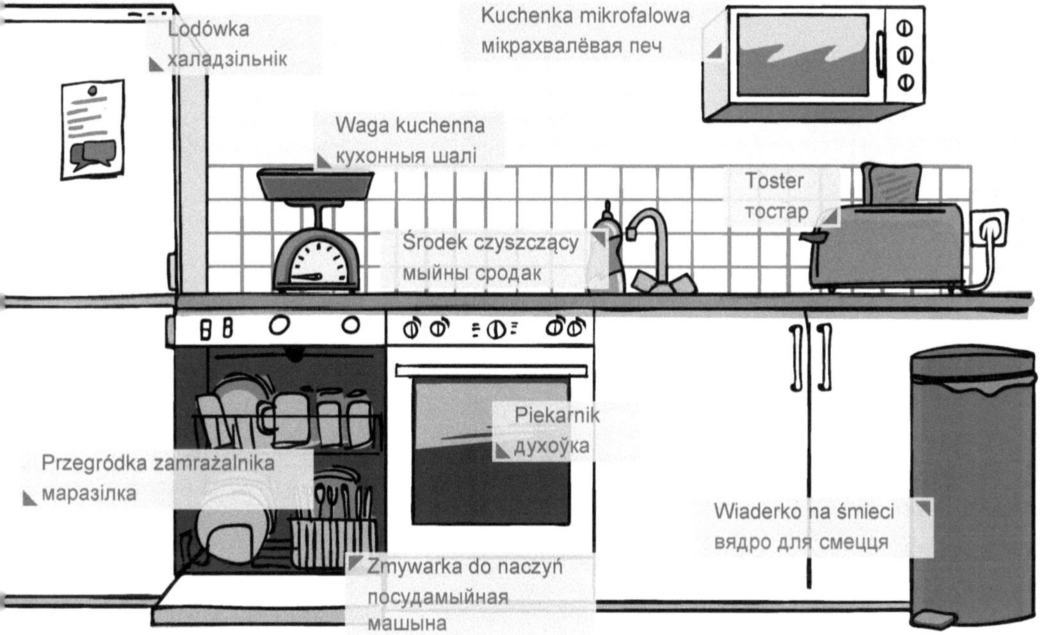

Lodówka
халадзільнік
Kuchenka mikrofalowa
мікрахвалёвая печ
Waga kuchenna
кухонныя шалі
Toster
тостар
Środek czyszczący
мыйны сродак
Piekarnik
духоўка
Przegródka zamrażalnika
маразілка
Wiaderko na śmieci
вядро для смецця
Zmywarka do naczyń
посудамыйная
машына

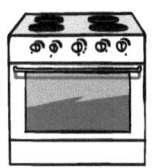

Kuchenka

пліта

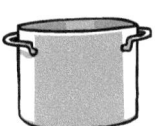

Garnek

рондаль

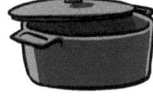

Kocioł żeliwny

чыгунок

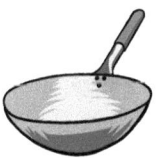

Wok / Kadai

Вок / кадаі

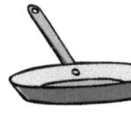

Patelnia

патэльня

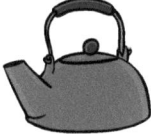

Czajnik

чайнік

Parowar

параварка

Blacha do pieczenia

бляха

Naczynia kuchenne

посуд

Kubek

кубак

Miska

міска

Pałeczki

палачкі для ежы

Nabierka

чарпак

Łopatka do smażenia

лапатачка

Trzepaczka do śmietany

збівалка

Cedzak

сіта для варэння

Sitko

сіта

Tarka

тарка

Moździerz

ступка

Grillowanie

грыль

Palenisko

вогнішча

Deska

дошка

Wałek do ciasta

качалка

Korkociąg

штопар

Puszka

бляшанка

Otwieracz do puszek

адкрывалка

Ściereczka do trzymania garnka

прыхваткі

Umywalka

ракавіна

Szczotka

шчотка

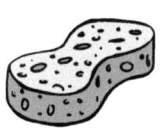

Gąbka

губка

Mikser

міксер

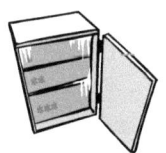

Zamrażarka

маразільная камера

Butelka dla niemowlęcia

бутэлечка

Kran

вадаправодны кран

Łazienka

ванная

Prysznic
душ
Ogrzewanie
ручніковы сушыцель
Ręcznik
ручнік
Kotara prysznicowa
штора для душа
Płyn do kąpieli
пенная ванна
Wanna kąpielowa
ванна
Szklanka
шклянка
Pralka
мыйная машына
Kran
вадаправодны кран
Kafelki
плітка
Nocnik
начны гаршчок
Umywalka
ракавіна

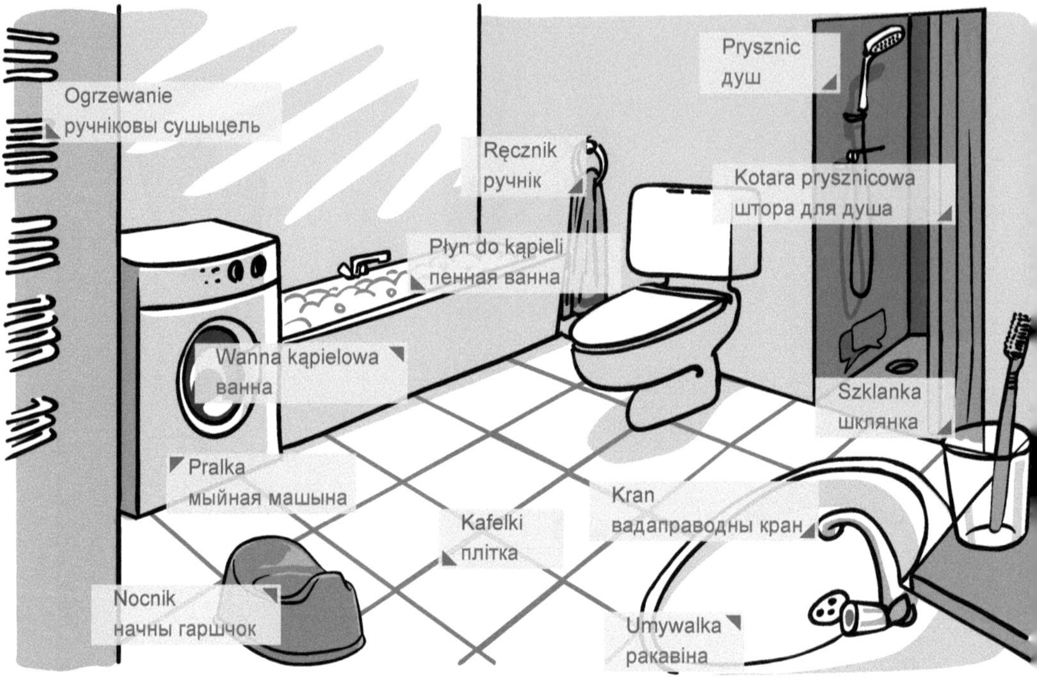

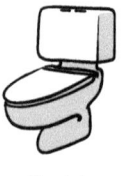

Toaleta

туалет

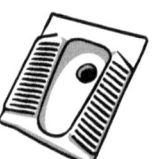

Toaleta kuczna

падлогавы ўнітаз

Bidet

бідэ

Pisuar

пісуар

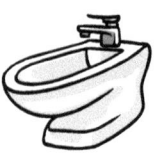

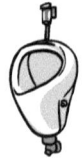

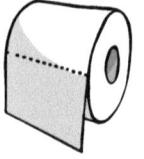

Papier toaletowy

туалетная папера

Szczotka toaletowa

шчотка для чысткі ўнітаза

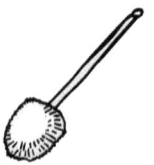

Szczoteczka do zębów

зубная шчотка

Pasta do zębów

зубная паста

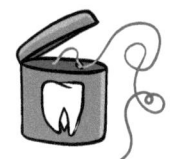

Nitki do czyszczenia zębów

зубная нітка

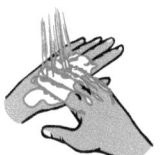

myć

мыць

Głowica prysznicowa

ручны душ

Płyn kąpielowy do higieny intymnej

інтымны душ

Miska do mycia

умывальнік

Szczotka kąpielowa

шчотка для спіны

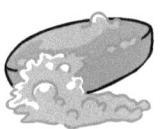

Mydło

мыла

Żel prysznicowy

гель для душа

Szampon

шампунь

Rękawica kąpielowa

вяхотка

Odpływ

вадасцёк

Krem

крэм

Dezodorant

дэзадарант

Lustro

люстэрка

Lustro kosmetyczne

касметычнае люстэрка

Golarka

станок для галення

Pianka do golenia

пена для галення

Woda po goleniu

ласьён пасля галення

Grzebień

грэбень

Szczotka

шчотка

Suszarka do włosów

фен

Spray do włosów

лак для валасоў

Makijaż

касметыка

Pomadka

памада

Lakier do paznokci

лак для пазногцяў

Wata

вата

Nożyczki do paznokci

манікюрныя нажніцы

Perfum

духі

Kosmetyczka

касметычка

Taboret

табурэтка

Waga

вагі

Szlafrok kąpielowy

лазневы халат

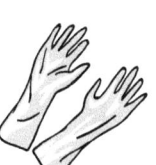

Rękawice gumowe

санітарныя пальчаткі

Tampon

тампон

Podpaska damska

гігіенічныя пракладкі

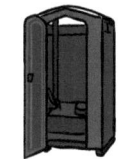

Toaleta chemiczna

біятуалет

Pokój dziecięcy

дзіцячы пакой

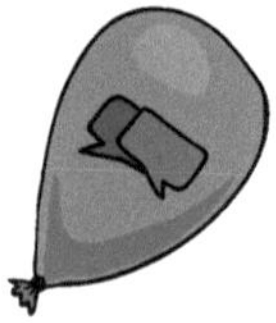

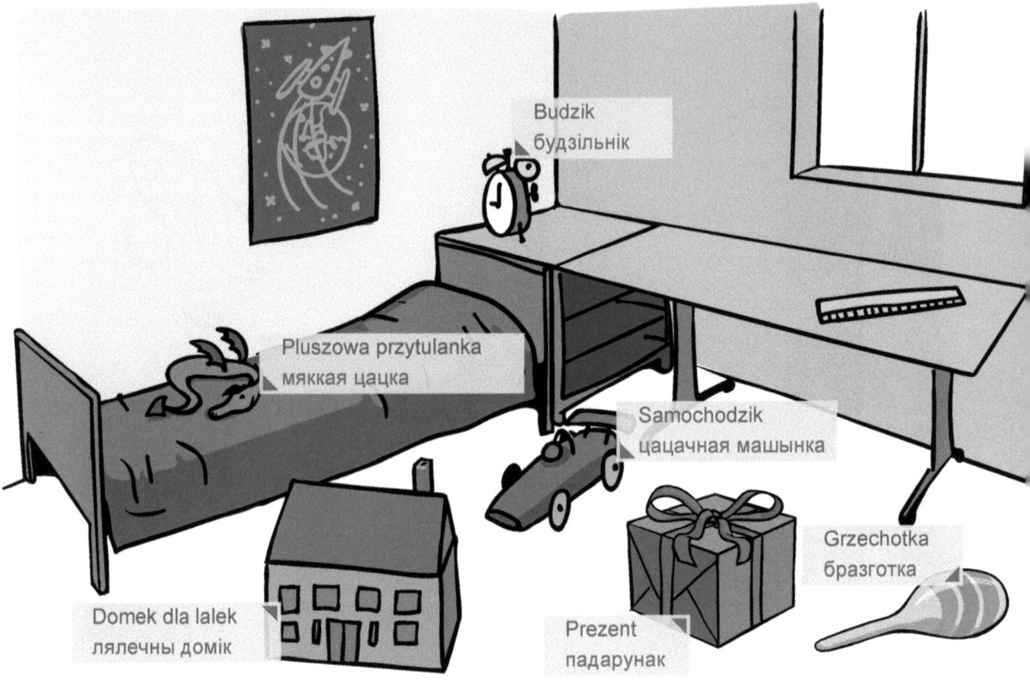
Budzik
будзільнік
Pluszowa przytulanka
мяккая цацка
Samochodzik
цацачная машынка
Grzechotka
бразготка
Domek dla lalek
лялечны домік
Prezent
падарунак

Balon

надзіманы шарык

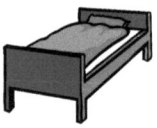

Łóżko

ложак

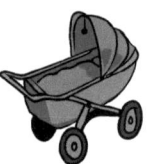

Wózek dziecięcy

дзіцячая каляска

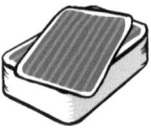

Gra w karty

калода картаў

Puzzle

пазл

SUPER MEGA

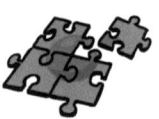

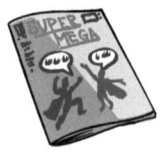

Komiks

комікс

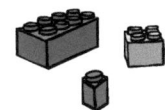

Klocki lego

канструктар "Лега"

Klocki

канструктар

Action figura

экшэн-фігурка

Śpioszek dziecięcy

дзіцячы гарнітур

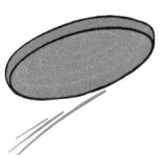

Frisbee

фрызбі

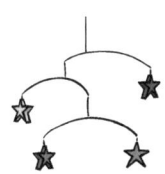

Zabawki ruchome

дзіцячы мабіль

Gra planszowa

настольная гульня

Kości

кубік

Kolejka elektryczna

дзіцячая чыгунка

Smoczek

пустышка

Przyjęcie

дзіцячае свята

Książka z ilustracjami

кніга з малюнкамі

Piłka

мячык

Lalka

лялька

bawić się

гуляцца

Piaskownica

пясочніца

Huśtawka

арэлі

Zabawki

цацкі

Konsola do gier

гульнявая відэа прыстаўка

Rowerek trójkołowy

трохколавы ровар

Pluszowy miś

плюшавы мішка

Szafa ubraniowa

шафа

Ubiór

адзенне

Skarpety

шкарпэткі

Pończochy

панчохі

Rajstopy

калготкі

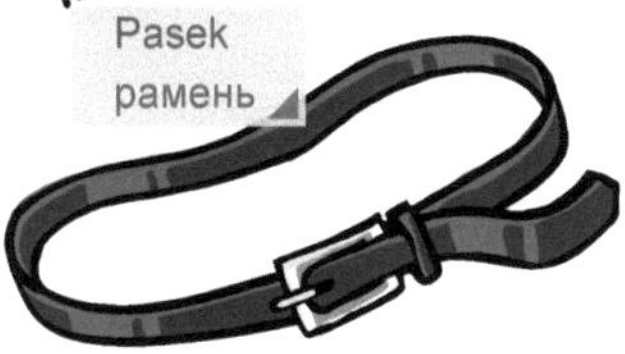

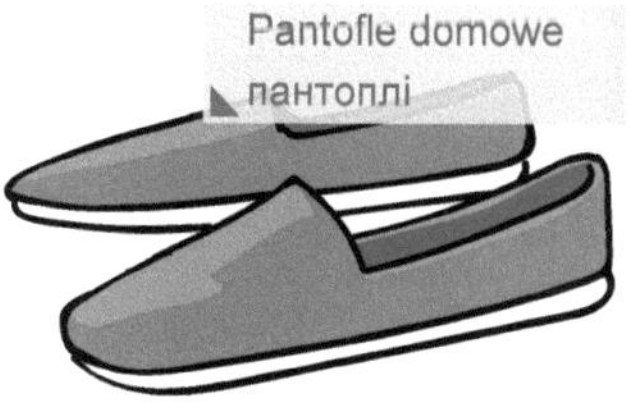

Szal
шалік

Parasol
парасон

Pasek
рамень

T-Shirt
цішотка

Kozaki
боты

Pantofle domowe
пантоплі

Obuwie sportowe
красоўкі

Sandały
················
сандалі

Buty
················
абутак

Kalosze
················
гумовыя боты

Majtki
················
трусы

Biustonosz
················
бюстгальтар

Podkoszulek
················
майка

Body

бодзі

Spodnie

штаны

Dżins

джынсы

Spódnica

спадніца

Bluzka

блузка

Koszula

кашуля

Pulower

джэмпер

Bluza sportowa

талстоўка

Marynarka

блэйзер

Kurtka

куртка

Płaszcz

паліто

Płaszcz przeciwdeszczowy

дажджавік

Kostium

касцюм

Sukienka

сукенка

Suknia ślubna

вясельная сукенка

Garnitur męski

касцюм

Koszula nocna

начная сарочка

Piżama

піжама

Sari

сары

Chusta na głowę

хустка

Turban

цюрбан

Burka

паранджа

Kaftan

каптан

Abaya

Абая

Strój kąpielowy

купальнік

Kąpielówki

плаўкі

Krótkie spodnie

шорты

Dres sportowy

спартыўны касцюм

Fartuch

фартух

Rękawiczki

пальчаткі

Guzik

гузік

Okulary

акуляры

Bransoletka

бранзалет

Łańcuszek

каралі

Pierścionek

кальцо

Kolczyk

завушніца

Czapka

кепка

Wieszak

вешалка

Kapelusz

капялюш

Krawat

гальштук

Zamek błyskawiczny

маланка

Kask

шлем

Szelki

падцяжкі

Mundurek szkolny

школьная форма

Mundur

уніформа

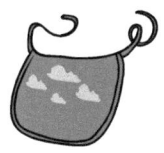

Śliniaczek

нагруднік

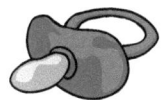

Smoczek

пустышка

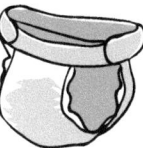

Pieluszka

падгузнік

Biuro
офіс

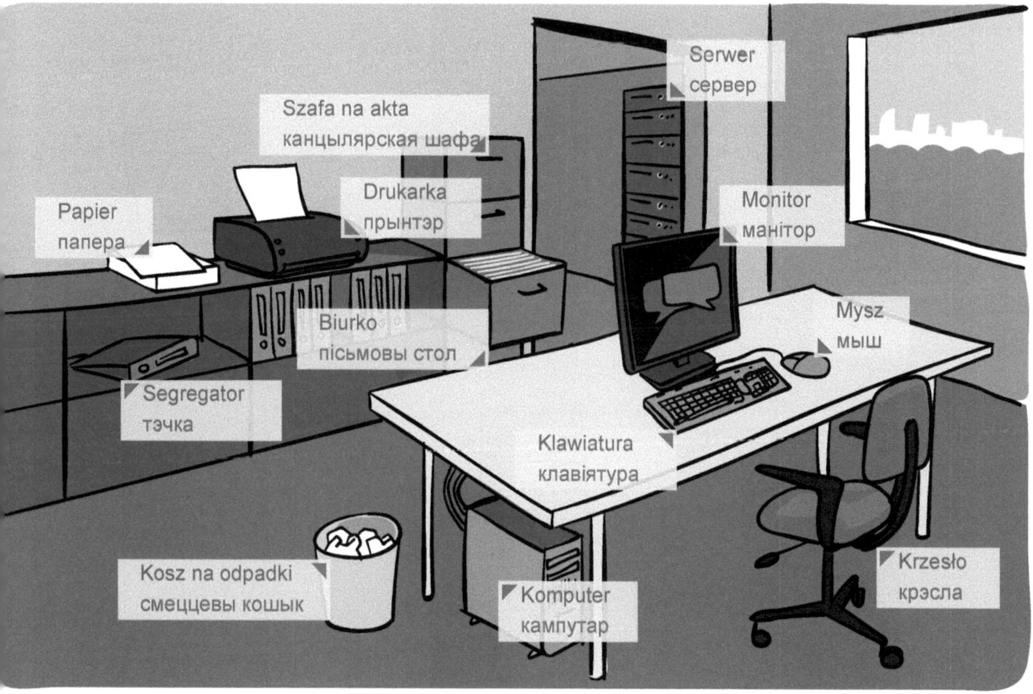
Serwer
сервер
Szafa na akta
канцылярская шафа
Drukarka
прынтэр
Papier
папера
Monitor
манітор
Mysz
мыш
Biurko
пісьмовы стол
Segregator
тэчка
Klawiatura
клавіятура
Krzesło
крэсла
Kosz na odpadki
смеццевы кошык
Komputer
кампутар

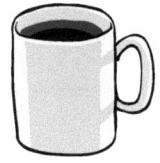

Filiżanka do kawy

кубак для кавы (філіжанка)

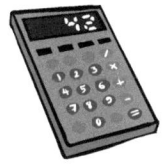

Kalkulator

калькулятар

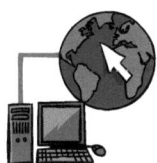

Internet

інтэрнэт

Laptop

ноўтбук

List

ліст

Wiadomość

паведамленне

Komórka

мабільны тэлефон

Sieć

сетка

Kopiarka

ксеракс

Oprogramowanie

праграмнае забеспячэнне

Telefon

тэлефон

Gniazdko

разетка

Faks

факс

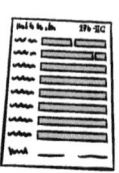

Formularz

фармуляр

Dokument

дакумент

kupić
....
купляць

płacić
....
плаціць

postępować
....
гандляваць

Pieniądze
....
грошы

Dolar
....
долар

Euro
....
еўра

Jen
....
ена

Rubel
....
рубель

Frank
....
франк

Juan Renminbi
....
кітайскі юань

Rupia
....
рупія

Bankomat
....
банкамат

Kantor wymiany walut

абменны пункт

Złoto

золата

Srebro

срэбра

Olej

нафта

Energia

энергія

Cena

цана

Umowa

кантракт

Podatek

падатак

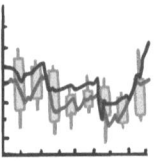

Akcja

акцыя

pracować

працаваць

Pracownik umysłowy

служачы

Pracodawca

працадаўца

Fabryka

фабрыка

Sklep

крама

Zawody
прафесіі

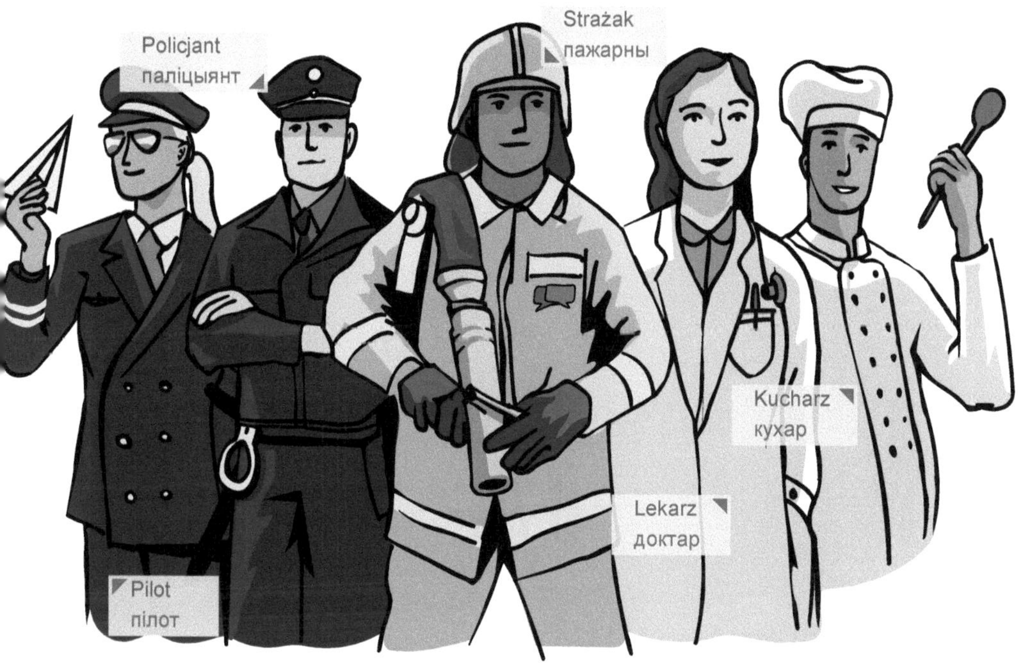
Policjant
паліцыянт
Strażak
пажарны
Kucharz
кухар
Lekarz
доктар
Pilot
пілот

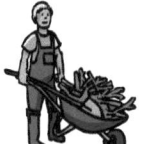

Ogrodnik

садоўнік

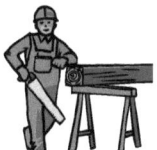

Stolarz

слесар

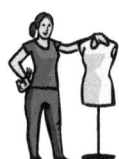

Krawcowa

швачка

Sędzia

суддзя

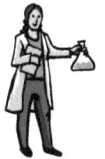

Chemik

хімік

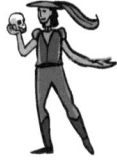

Aktor

артыст

Kierowca autobusu

кіроўца аўтобуса

Taksówkarz

таксіст

Fischer

рыбак

Sprzątaczka

прыбіральшчыца

Dekarz

страхар

Kelner

афіцыянт

Myśliwy

паляўнічы

Malarz

мастак

Piekarz

пекар

Elektryk

электрык

Robotnik budowlany

будаўнік

Inżynier

інжынер

Rzeźnik

мяснік

Instalator

сантэхнік

Listonosz

паштальён

Żołnierz

салдат

Architekt

архітэктар

Kasjer

касір

Florysta

фларыст

Fryzjer

цырульнік

Konduktor

кандуктар

Mechanik

механік

Kapitan

капітан

Dentysta

стаматолаг

Naukowiec

вучоны

Rabin

рабін

Imam

імам

Mnich

манах

Proboszcz

святар

Narzędzia
інструменты

Szczypce
пласкагубцы
Młotek
малаток
Wkrętak
адвёртка
Latarka
ліхтарык
Klucz do śrub
гаечны ключ

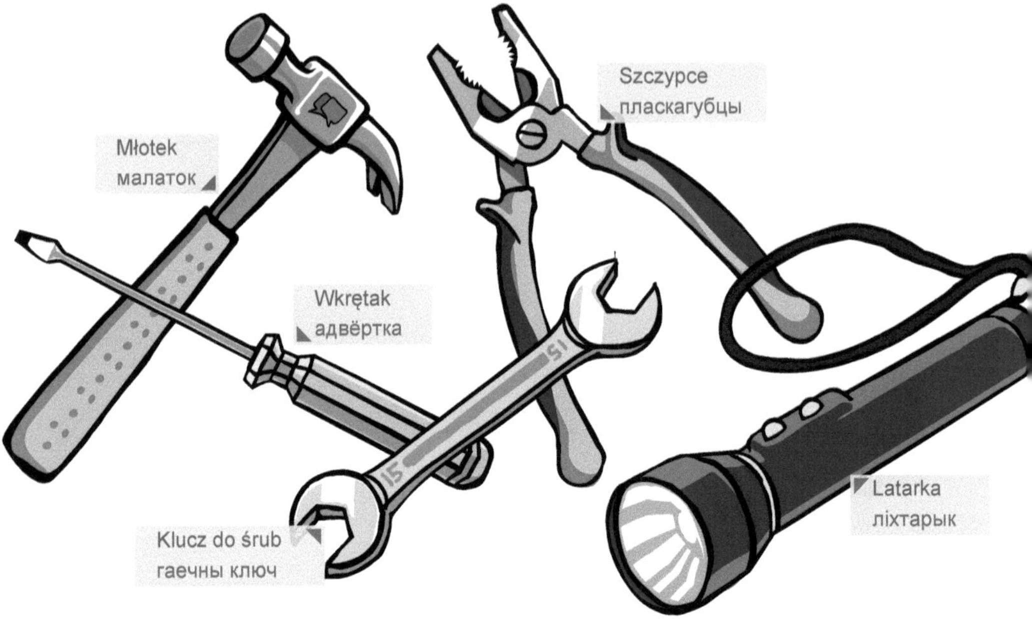

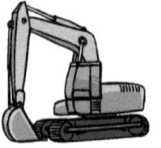

Koparka

экскаватар

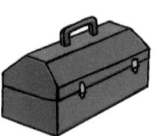

Skrzynka narzędziowa

скрыня для інструментаў

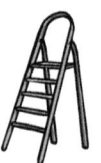

Drabina

дравіны

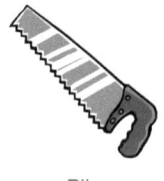

Piła

піла

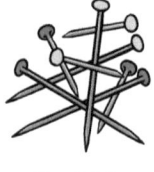

Gwoździe

цвікі

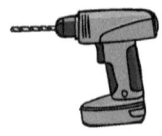

Wiertło

дрыль

naprawić

рамантаваць

Łopatka

рыдлеўка

Cholera!

Халера!

Szufelka

шуфлік для смецця

Puszka z farbą

вядро з фарбаю

Śruby

балты

Instrumenty muzyczne
музычныя інструменты

Głośnik
калонкі

Perkusja
ударны інструмент

Kontrabas
кантрабас

Trąbka
труба

Gitara
гітара

Pianino

піяніна

Skrzypce

скрыпка

Bas

басгітара

Kotły

літаўры

Bęben

барабан

Keyboard

клавішны электрамузычны
інструмент

Saksofon

саксафон

Flet

флейта

Mikrofon

мікрафон

Zoo

заапарк

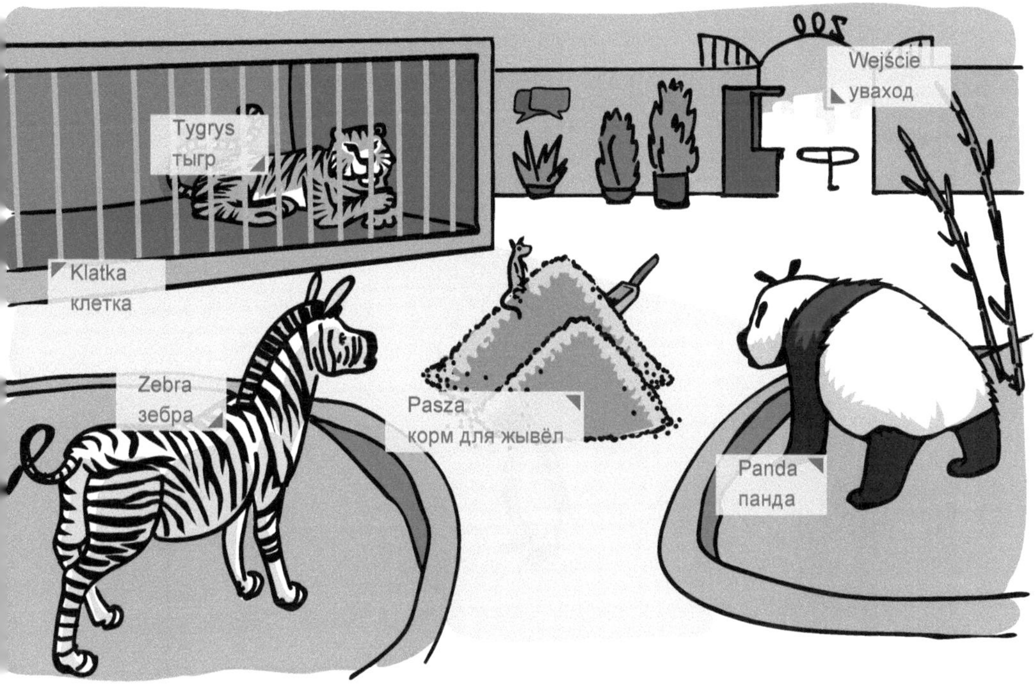

Tygrys
тыгр
Wejście
уваход
Klatka
клетка
Zebra
зебра
Pasza
корм для жывёл
Panda
панда

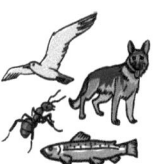

Zwierzęta

жывёлы

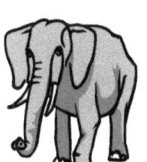

Słoń

слон

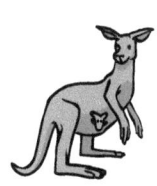

Kangur

кенгуру

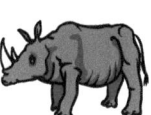

Nosorożec

насарог

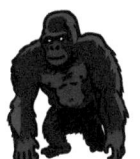

Goryl

гарыла

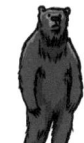

Niedźwiedź

мядзведзь

Wielbłąd

вярблюд

Struś

стравус

Lew

леў

Małpa

малпа

Fleming

фламінга

Papuga

папугай

Niedźwiedź polarny

белы мядзведзь

Pingwin

пінгвін

Rekin

акула

Paw

паўлін

Wąż

змяя

Krokodyl

кракадзіл

Dozorca w zoo

наглядчык заапарка

Foka

цюлень

Jaguar

ягуар

Kucyk

поні

Gepard

леапард

Hipopotam

бегемот

Żyrafa

жыраф

Orzeł

арол

Dzik

дзік

Ryba

рыбак

Żółw

чарапаха

Mors

морж

Lis

ліса

Gazela

газель

Futbol amerykański
амерыканскі футбол

Kolarstwo
веласпорт

Tenis
тэніс

Koszykówka
баскетбол

Pływanie
плаванне

Boks
бокс

Hokej na lodzie
хакей з шайбай

Piłka nożna
футбол

Badminton
бадмінтон

Lekka atletyka
лёгкая атлетыка

Piłka ręczna
гандбол

Narciarstwo
горныя лыжы

Polo
пола

skakać
скакаць

śmiać się
смяяцца

objąć
абдымаць

iść
iсцi

śpiewać
спяваць

marzyć
марыць

modlić się
маліцца

całować
цалаваць

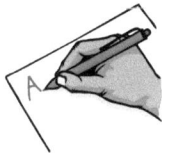

pisać
пісаць

rysować
маляваць

pokazywać
паказваць

nacisnąć
націснуць

dać
даваць

wziąć
браць

mieć

маць

robić

выконваць

być

быць

stać

стаяць

biegać

бегчы

ciągnąć

цягнуць

rzucać

кідаць

spaść

падаць

leżeć

ляжаць

czekać

чакаць

nosić

насіць

siedzieć

сядзець

zakładać

апранацца

spać

спаць

budzić się

прачынацца

spojrzeć

глядзець

płakać

плакаць

głaskać

лашчыць

czesać się

прычэсвацца

mówić

гаварыць

rozumieć

разумець

pytać

пытаць

słyszeć

чуць

pić

піць

jeść

есці

sprzątać

прыбіраць

kochać

кахаць

gotować

гатаваць

jechać

ехаць

latać

лятаць

żeglować

плаваць пад ветразем

liczyć

лічыць

czytać

чытаць

uczyć się

вучыць

pracować

працаваць

wejść w związek małżeński

уступаць у шлюб

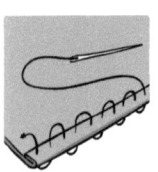

szyć

шыць

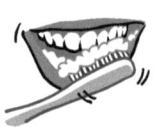

myć zęby

чысціць зубы

zabić

забіваць

palić tytoń

курыць

wysłać

пасылаць

Rodzina
сям'я

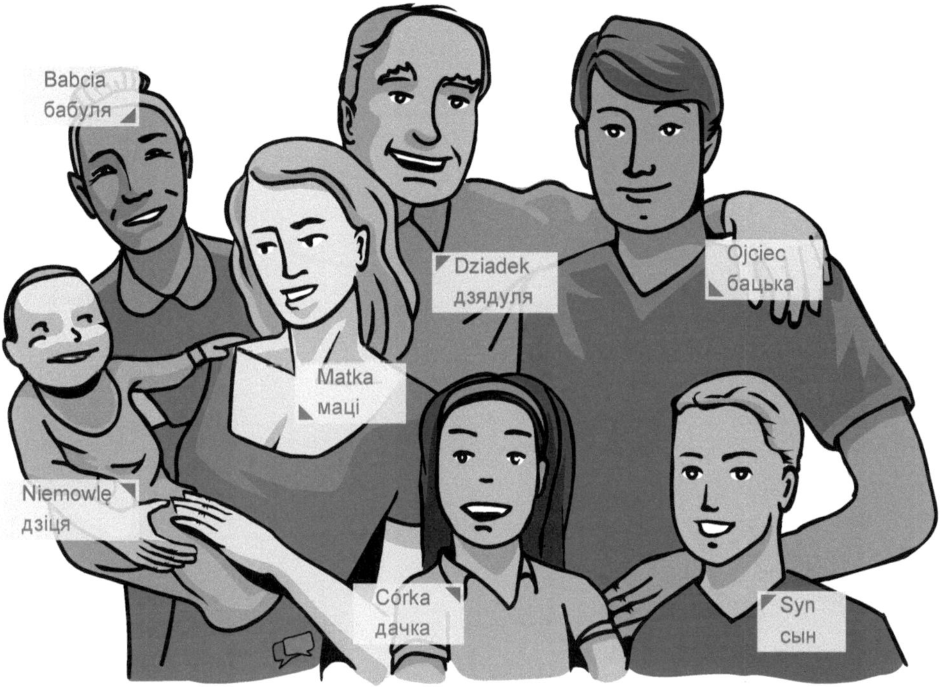

Babcia
бабуля
Dziadek
дзядуля
Ojciec
бацька
Matka
маці
Niemowlę
дзіця
Córka
дачка
Syn
сын

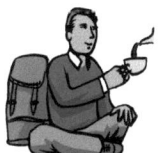

Gość
гoсць

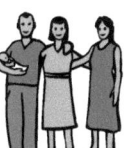

Ciotka
цётка

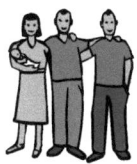

Wujek
дзядзька

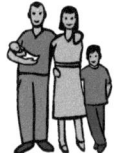

Brat
брат

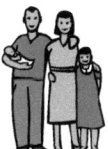

Siostra
сястра

Ciało

цела

Czoło
лоб
Oko
вока
Ramię
плячо
Palec
палец
Twarz
твар
Broda
падбародак
Ręka
рука
Noga
нага
Pierś
грудзі
Ramię
рука

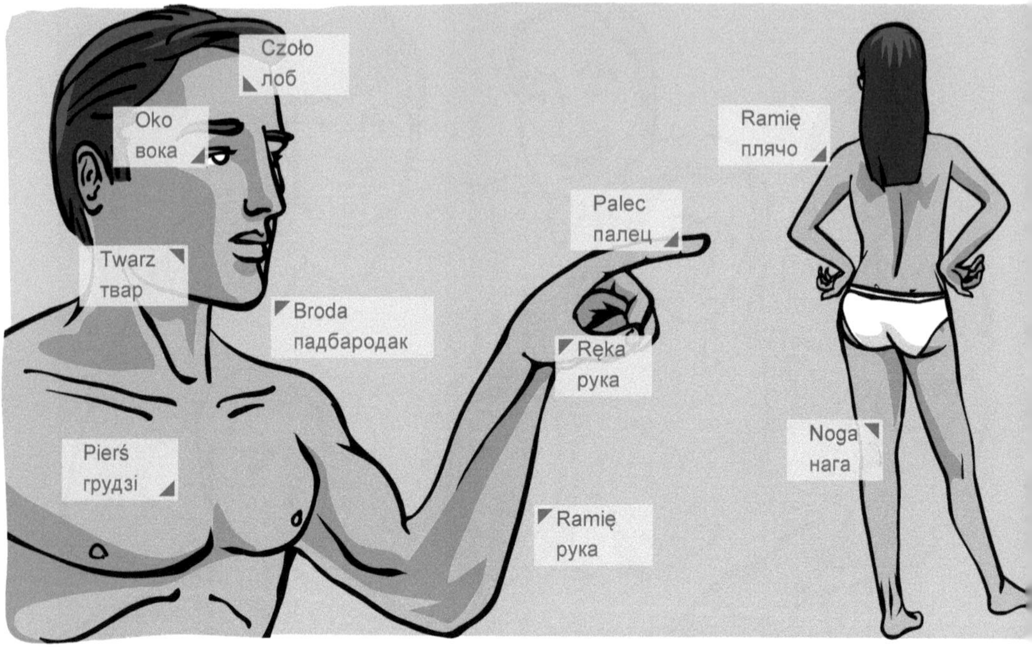

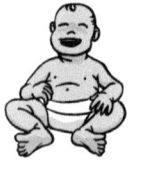

Niemowlę

дзіця

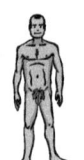

Mężczyzna

мужчына

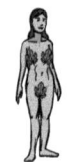

Kobieta

жанчына

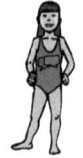

Dziewczyna

дзяўчынка

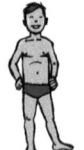

Chłopiec

хлопчык

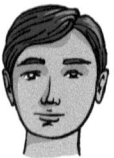

Głowa

галава

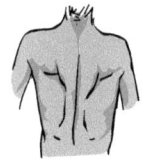

Plecy

спіна

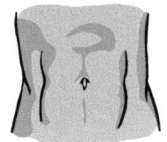

Brzuch

жывот

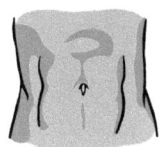

Pępek

пуп

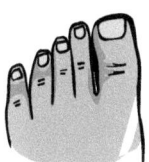

palec nogi

палец нагі

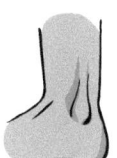

Pięta

пятка

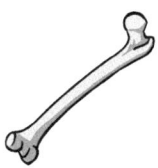

Kość

костка

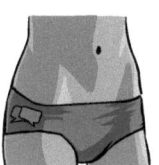

Biodro

бядро

Kolano

калена

Łokieć

локаць

Nos

нос

Pośladki

ягадзіца

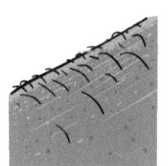

Skóra

скура

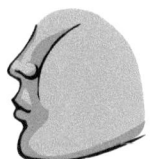

Policzek

шчака

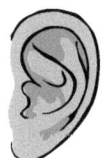

Uszy

вуха

Warga

губа

Ciało - цела

Usta

рот

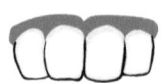

Ząb

зуб

Język

язык

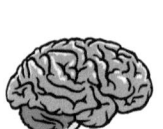

Mózg

галаўны мозг

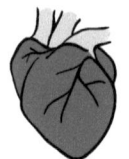

Serce

сэрца

Mięsień

мышца

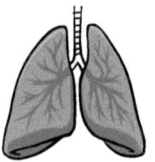

Płuca

лёгкае

Wątroba

пячонка

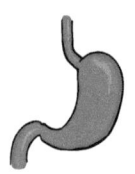

Żołądek

страўнік

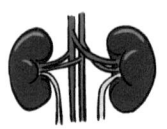

Nerki

ныркі

Stosunek płciowy

сэкс

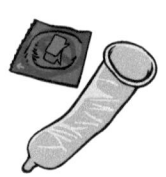

Kondom

прэзерватыў

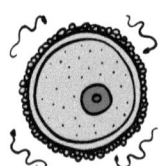

Komórka jajowa

яйцаклетка

Sperma

сперма

Ciąża

цяжарнасць

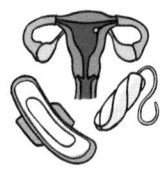

Menstruacja

менструацыя

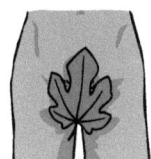

Wagina

похва

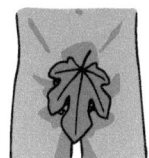

Penis

пеніс

Brew

брыво

Włosy

валасы

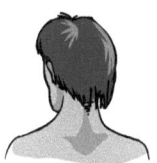

Szyja

шыя

Szpital
шпіталь

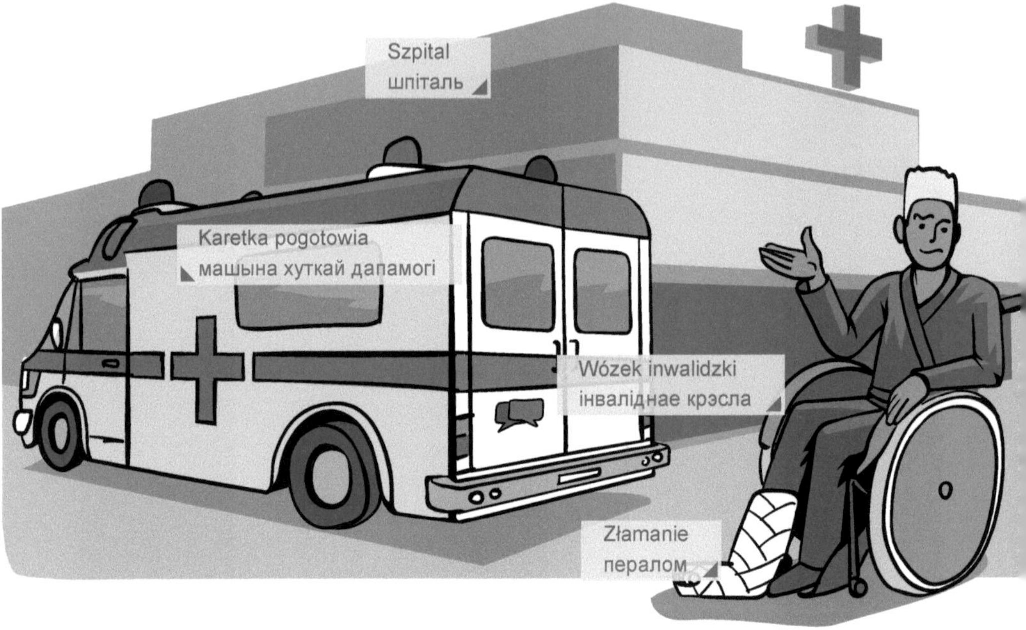

Karetka pogotowia
машына хуткай дапамогі

Wózek inwalidzki
інваліднае крэсла

Złamanie
пералом

Lekarz

доктар

Izba przyjęć

аддзяленне першай
дапамогі

Pielęgniarka

медсястра

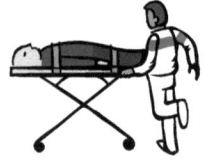

Nagły przypadek

экстраная дапамога

nieprzytomny

непрытомны

Ból

боль

Skaleczenie

траўма

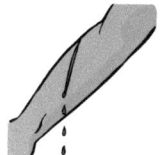

Krwawienie

крывацёк

Zawał serca

інфаркт

Udar mózgu

апаплексія

Alergia

алергія

Kaszleć

кашаль

Gorączka

гарачка

Grypa

грып

Biegunka

панос

Ból głowy

галаўны боль

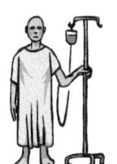

Rak

рак

Cukrzyca

дыябет

Chirurg

хірург

Skalpel

скальпель

Operacja

аперацыя

CT

КТ

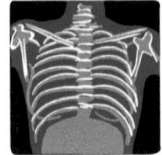

Rentgen

рэнтген

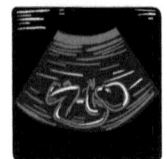

Ultradźwięki

ультрагук

Maska

маска

Choroba

хвароба

Poczekalnia

пачакальня

Kula

мыліца

Plaster

пластыр

Opatrunek

бінт

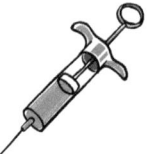

Iniekcja

ін'екцыя

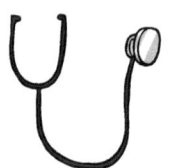

Stetoskop

стэтаскоп

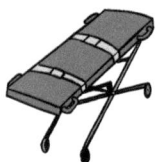

Nosze

насілкі

Termometr

градуснік

Poród

нараджэнне

Nadwaga

лішняя вага

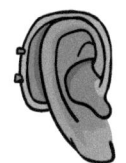

Aparat słuchowy

слухавы апарат

Środek dezynfekcyjny

дэзінфекцыйны сродак

Infekcja

інфекцыя

Wirus

вірус

HIV / AIDS

ВІЧ/СНІД

Medycyna

лекі

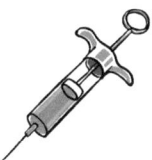

Szczepienie

прышчэпка

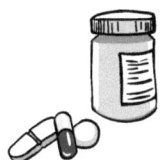

Tabletki

таблеткі

Pigułka

супрацьзачаткавая
таблетка

Telefon ratunkowy

экстраны выклік

Ciśnieniomierz krwi

танометр

chory / zdrowy

хворы / здаровы

Pomocy!

Ратуйце!

Alarm

сігналізацыя

Napad

напад

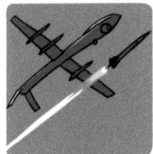

Atak

атака

Niebezpieczeństwo

небяспека

Wyjście awaryjne

аварыйны выхад

Pożar!

Пажар!

Gaśnica

вогнетушыцель

Wypadek

аварыя

Walizeczka pierwszej
pomocy

аптэчка

SOS

СОС

Policja

паліцыя

Europa

Еўропа

Ameryka Północna

Паўночная Амерыка

Ameryka Południowa

Паўднёвая Амерыка

Afryka

Афрыка

Azja

Азія

Australia

Аўстралія

Atlantyk

Атлантычны акіян

Pacyfik

Ціхі акіян

Ocean Indyjski

Індыйскі акіян

Ocean Antarktyczny

Паўднёвы ледавіты акіян

Ocean Arktyczny

Паўночны ледавіты акіян

Biegun północny

Паўночны полюс

Biegun południowy

Паўднёвы полюс

Antarktyda

Антарктыда

Ziemia

Зямля

Kraj

краіна

Morze

мора

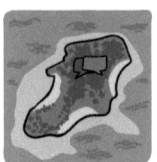

Wyspa

востраў

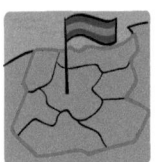

Naród

нацыя

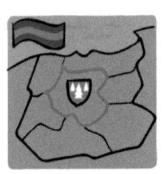

Państwo

дзяржава

Cyferblat

цыферблат

Wskazówka godzinowa

гадзінная стрэлка

Wskazówka minutowa

хвілінная стрэлка

Wskazówka sekundowa

секундная стрэлка

Która godzina?

Колькі часу?

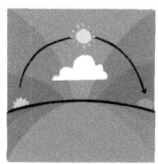

Dzień

дзень

Czas

час

teraz

зараз

Zegarek digitalny

электронны гадзіннік

Minuta

хвіліна

Godzina

гадзіна

Tydzień

тыдзень

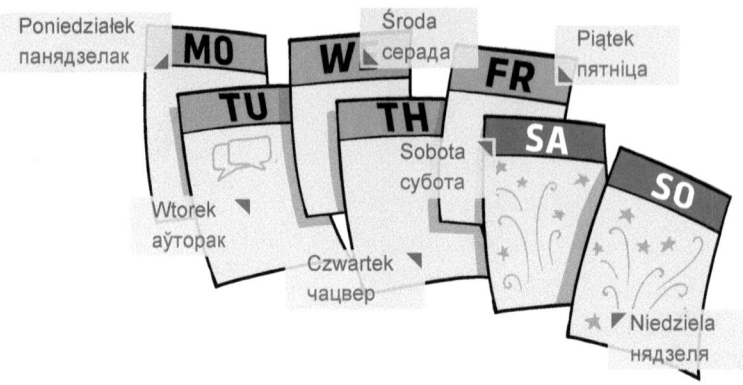

Poniedziałek
панядзелак

Środa
серада

Piątek
пятніца

Wtorek
аўторак

Sobota
субота

Czwartek
чацвер

Niedziela
нядзеля

wczoraj

ўчора

dzisiaj

сёння

jutro

заўтра

Rano

раніца

Południe

абед

Wieczór

вечар

MO	TU	WE	TH	FR	SA	SU
1	2	3	4	5	6	7
8	9	10	11	12	13	14
15	16	17	18	19	20	21
22	23	24	25	26	27	28
29	30	31	1	2	3	4

Dni robocze

працоўныя дні

MO	TU	WE	TH	FR	SA	SU
1	2	3	4	5	6	7
8	9	10	11	12	13	14
15	16	17	18	19	20	21
22	23	24	25	26	27	28
29	30	31	1	2	3	4

Weekend

выхадныя

Rok

год

Deszcz
дождж
Tęcza
вясёлка
Wiatr
вецер
Śnieg
снег
Wiosna
вясна
Lato
лета
Jesień
восень
Zima
зіма

4.APRIL 11°
5.APRIL 4°
6.APRIL 13°
7.APRIL 8°
8.APRIL 10°

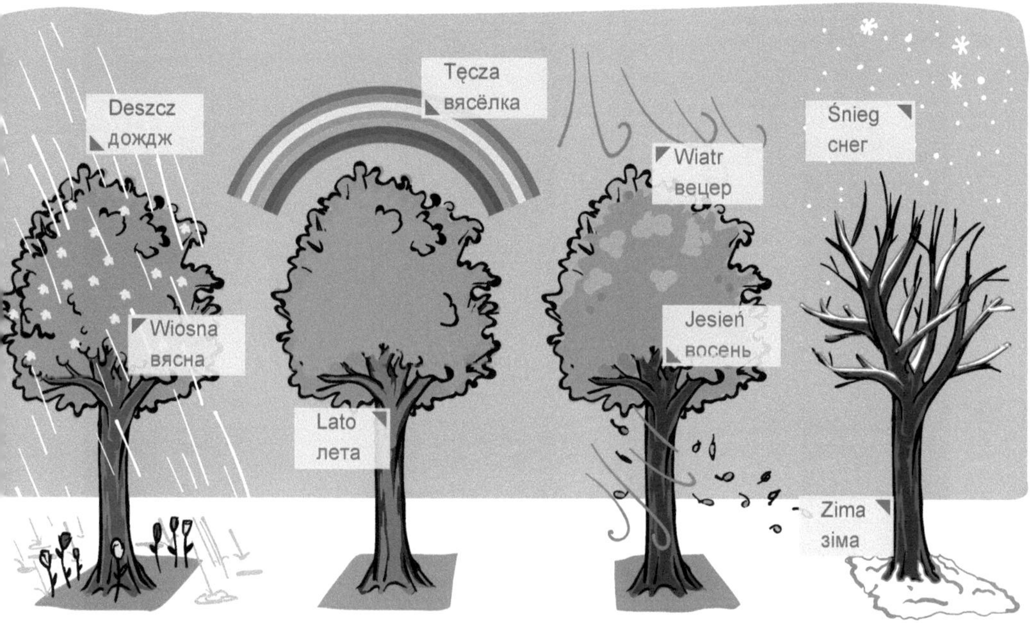

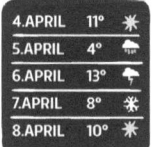

Prognoza pogody

прагноз надвор'я

F C
120 40
90 30
60 20
30 10
0 0
-30 -10
-20

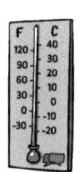

Termometr

градуснік

Światło słoneczne

сонечнае святло

Chmura

воблака

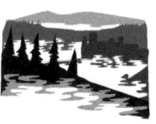

Mgła

туман

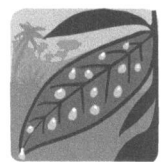

Wilgotność powietrza

вільготнасць паветра

Błyskawica

маланка

Grzmot

гром

Sztorm

бура

Grad

град

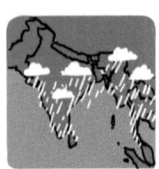

Monsun

мусонны вецер

Potop

прыліў

Lód

лёд

Styczeń

студзень

Luty

люты

Marzec

сакавік

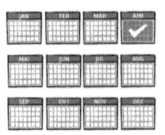

Kwiecień

красавік

Maj

май

Czerwiec

чэрвень

Lipiec

ліпень

Sierpień

жнівень

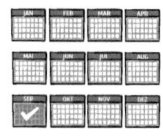

Wrzesień
....
верасень

Październik
....
кастрычнік

Listopad
....
лістапад

Grudzień
....
снежань

Kształty
формы

Koło
....
круг

Kwadrat
....
квадрат

Prostokąt
....
прамавугольнік

Trójkąt
....
трохвугольнік

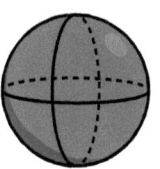

Kula
....
шар

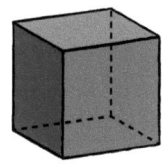

Sześcian
....
куб

biały
....
белы

żółty
....
жоўты

pomarańczowy
....
аранжавы

różowy
....
ружовы

czerwony
....
чырвоны

liliowy
....
фіялетавы

niebieski
....
сіні

zielony
....
зялёны

brązowy
....
карычневы

szary
....
шэры

czarny
....
чорны

dużo / mało

шмат / мала

wściekły / spokojny

злы / добры

piękny / brzydki

прыгожы / брыдкі

początek / koniec

пачатак / канец

duży / mały

высокі / малы

jasny / ciemny

светлы / цёмны

brat / siostra

сястра / брат

czysty / brudny

чысты / брудны

kompletny / niekompletny

поўны / няпоўны

dzień / noc

дзень / ноч

umarły / żywy

мёртвы / жывы

szeroki / wąski

шырокі / вузкі

jadalny / niejadalny

ядомы / неядомы

zły / uprzejmy

злы / добры

podniecony / znudzony

узбуджаны / нудны

gruby / chudy

тоўсты / тонкі

najpierw / na końcu

першы / апошні

przyjaciel / wróg

сябар / вораг

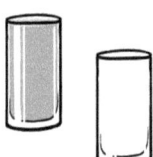

pełen / pusty

поўны / пусты

twardy / miękki

цвёрды / мяккі

ciężki / lekki

важкі / лёгкі

głód / pragnienie

голад / смага

chory / zdrowy

хворы / здаровы

nielegalny / legalny

нелегальны / легальны

inteligentny / głupi

разумны / дурны

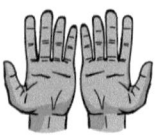

lewo / prawo

левы / правы

bliski / daleki

побач / далёка

nowy / używany

новы / былы ва ўжыванні

nic / coś

нічога / нешта

stary / młody

стары / малады

włącz / wyłącz

укл / выкл

otwarty / zamknięty

адчынены / зачынены

cichy / głośny

ціхі / гучны

bogaty / biedny

багаты / бедны

prawidłowy / błędny

правільна / няправільна

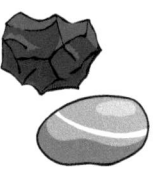

chropowaty / gładki

шурпаты / гладкі

smutny / szczęśliwy

сумны / шчаслівы

krótki / długi

кароткі / доўгі

powolny / szybki

павольны / хуткі

mokry/suchy

вільготны / сухі

ciepły / chłodny

цёплы / халаднаваты

wojna / pokój

вайна / мір

0

zero

нуль

1

jeden

адзін

2

dwa

два

3

trzy

тры

4

cztery

чатыры

5

pięć

пяць

6

sześć

шэсць

7

siedem

сем

8

osiem

восем

9

dziewięć

дзевяць

10

dziesięć

дзесяць

11

jedenaście

адзінаццаць

12

dwanaście

дванаццаць

13

trzynaście

трынаццаць

14

czternaście

чатырнаццаць

15

piętnaście

пятнаццаць

16

szesnaście

шаснаццаць

17

siedemnaście

сямнаццаць

18

osiemnaście

васямнаццаць

19

dziewiętnaście

дзевятнаццаць

20

dwadzieścia

дваццаць

100

sto

сто

1.000

tysiąc

тысяча

1.000.000

milion

мільён

Angielski

англійская

Angielski amerykański

англійская (Амерыка)

Chiński mandaryński

кітайская мандарынская

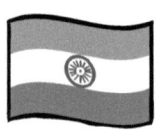

Hindi

хіндзі

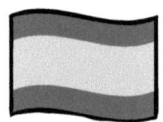

Hiszpański

іспанская

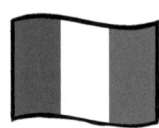

Francuski

французская

Arabski

арабская

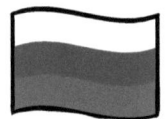

Rosyjski

руская

Portugalski

партугальская

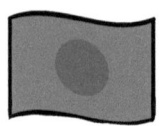

Bengalski

бенгальская

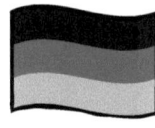

Niemiecki

нямецкая

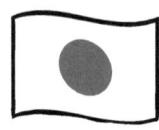

Japoński

японская

ja

я

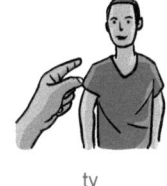

ty

ты

on / ona / ono

ён / яна / яно

my

мы

wy

вы

oni

яны

kto?

хто?

co?

што?

jak?

як?

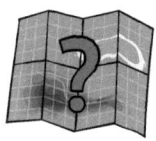

gdzie?

дзе?

kiedy?

калі?

Nazwisko

імя

za

за

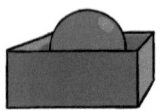

w

у

przed

перад

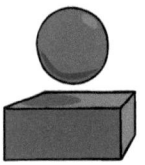

powyżej

над

na

на

pod

пад

obok

каля

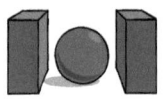

między

паміж

Miejsce

месца